Pedaço de Estrela
e outros contos

CB123142

Nelson Moraes

Pedaço de Estrela

e outros contos

Aliança

Copyright © 2012 *Todos os direitos reservados à Editora Aliança.*
1ª edição, Março/2013, do 1º ao 2º milheiro

Título
Pedaço de Estrela *e outros contos*

Autor
Nelson Moraes

Revisão
Roberto de Carvalho

Diagramação
Cíntia Funchal Rocha de Carvalho

Capa
Cíntia Funchal Rocha de Carvalho

Impressão
Rettec Artes Gráficas e Editora Ltda.

Ficha Catalográfica

Dados Internacionais de Catalogação na Publicação (CIP)
— Câmara Brasileira do Livro | SP | Brasil —

Nelson Moraes
Pedaço de Estrela: e outros contos/ Nelson Moraes. -- São Paulo: Editora Aliança, 2013.

ISBN: 978-85-88483-91-0 / 128 páginas

1. Contos brasileiros 2. Espiritismo 3.
I. Título.

13-02257 CDD-133.93

Índice para catálogo sistemático:

1. Contos espíritas 133.93

Editora Aliança
Rua Major Diogo, 511 – Bela Vista – São Paulo – SP
CEP 01324-001 | Tel.:(11) 2105 2600 | Fax: (11) 2105 2626
www.editoraalianca.com.br | editora@editoraalianca.com.br

Sumário

Páginas do Coração

Atitudes de Sabedoria

Nota do autor

Pedaço de Estrela é um livro que exalta o amor de Deus por seus filhos.

Os contos aqui narrados foram baseados em fatos verídicos e nos mostram a vida promovendo reencontros para a consolidação do amor e da luz no coração humano.

Quase sempre, esses reencontros são consolidados por meio de um Pedaço de Estrela. Eu, em particular, sinto-me privilegiado, pois em meu lar Deus colocou dois pedaços enormes de estrela! Um é a minha esposa e, o outro, a minha cunhada, Maria Inêz da Cruz, a quem agradeço de coração pelo que ela representa para mim, para os meus filhos e netos. A ela, dedico este livro!

Pedaço de estrela

Quando ainda era criança, fui visitado por um anjo durante o sono.

— Vem!

Disse-me ele.

Confiante, entreguei-me em seus braços!

Em poucos instantes, fomos transportados para o Firmamento! Contemplei de perto a beleza das estrelas! Observei que entre elas havia um espaço vazio; parecia faltar uma delas, então perguntei:

— Para onde foi a Estrela que estava aqui?

— Foi para a Terra.

Respondeu o anjo.

— Como eu não a vi por lá?

— Ela se dividiu em pedacinhos para cumprir a missão que Deus lhe confiou.

— Quem é ela? – perguntei.

— Ela é auxiliar direta de Deus, materializando a vida na Terra!

É forte como um gigante e frágil como uma flor!

No seu coração, Deus colocou a força do Universo e o segredo da felicidade!

Pelas suas entranhas, a vida se renova!

Pelo seu amor, os mundos se transformam!

Progenitora das gerações tornou-se o portal da vida, acolhendo carinhosamente, em seu ventre, os brutos e os santos, os sábios e os ignorantes, os justos e os injustos...

Enquanto o anjo falava, fui tomado por uma sensação de queda e acordei nos braços de minha mãe!

Então compreendi! Ali mesmo, apertando-me contra o peito, estava um pedaço enorme daquela Estrela!

Reencontros

Reencontros...

O corpo procede do corpo; o Espírito tem procedência indeterminada, é como disse Jesus: *"O Espírito é como o vento, sopra onde quer, e ouves a sua voz; mas não sabes de onde vem, nem para onde vai..."* João, cap.III v.8.

Poucas criaturas percebem um acontecimento que parece fortuito, porém, obedece a uma lei superior. São os reencontros programados no mundo espiritual, antes mesmo de os envolvidos reencarnarem.

Desses reencontros surgem casamentos, famílias, sociedades, instituições, empresas e etc.

Dessa programação, consolidam-se os grupos homogêneos ou heterogêneos que ocorrem de forma aparentemente espontânea; nos lares, no campo profissional, nas escolas, nas agremiações de fé e em todos os setores da convivência social.

O lar é sem dúvida o ambiente mais propício para o reencontro de Espíritos afins, ou com necessidades de resgates entre si.

Nesse processo evolutivo não há obstáculos que possam impedir tais reencontros, nem mesmo aqueles que muitas vezes nos parecem intransponíveis.

Um homem nasce em um determinado país e, por forças de circunstâncias diversas, se vê obrigado a imigrar para outro país distante. Aí, conhece uma mulher e casa-se com ela. Para muitos que ainda não conhecem as leis da reencarnação, pode parecer obra do acaso. Porém, basta analisar os fatos que ocorreram até culminar com o encontro dos dois, para se perceber que tudo obedeceu a um plano inteligente e sutil, onde a Providência Divina atuou, moldando as circunstâncias que à primeira vista, pareceram fortuitas.

Acreditar no acaso seria a negação de Deus. Segundo as leis de Causa e Efeito, hoje temos o pai, a mãe, os filhos, os vizinhos, os sócios, os amigos e até os adversários que merecemos e necessitamos, todos atraídos para junto de nós por um infalível processo evolutivo.

Esses reencontros estão inseridos na nossa programação de vida no plano físico. Entretanto, o que acontece após a consolidação desses reencontros, dependerá do nosso comportamento. Poderemos tirar o devido aproveitamento, marcando um avanço em nossa evolução espiritual, ou fracassarmos, repudiando as oportunidades de convivência com aqueles que poderiam se transformar no decorrer das experiências em conjunto, em um fator muito importante para o nosso crescimento.

Saibamos aproveitar as oportunidades que a vida nos oferece, sem esquecermos que é na convivência com o nosso próximo, que construiremos a ponte para alcançarmos a nossa felicidade.

Nelson Moraes

Gravidez oculta

Rosamaria, estava casada há quinze anos e não conseguia engravidar.

Quase todas as noites, sonhava com uma menina em seus braços. Aparentemente a criança deveria ter uns três anos de vida.

Toda vez que esse sonho se repetia, pela manhã, ela tentava se lembrar daquele rosto e não conseguia. Ficando muito triste com isso.

Suas amigas tinham interpretações diferentes para o seu sonho. Algumas delas achavam que era porque jamais teria um filho. Por isso, não conseguia ver o seu rosto. Outras achavam que era um aviso para ela adotar uma criança.

Rosamaria, entre tantas opiniões, chegou a pensar muitas vezes na adoção, mas tinha muito medo de não achar a criança certa e depois não conseguir criá-la com o devido carinho. Era uma decisão muito difícil.

Passaram-se três anos e alguns meses desde o início daqueles sonhos, os quais continuaram se repetindo. Finalmente, depois de algum tempo, Rosamaria resolveu optar pela adoção. Começaria a procurar uma menina.

Assim o fez.

Visitou vários orfanatos, encontrou muitas meninas e meninos que poderiam ser adotados por ela, mas não sentiu por nenhum a atração que esperava.

Um dia, visitando um orfanato fora da cidade onde morava, perguntou na portaria se havia alguma menina ali que ela pudesse adotar. A irmã de caridade que dirigia aquela instituição, vendo o seu interesse de adoção, chamou-a em uma sala ao lado e lhe disse:

— Minha irmã! Fico feliz ao ver pessoas como você, que tiveram a coragem de vencer os preconceitos e optar pela adoção. Com certeza, será muito feliz quando encontrar a criança que procura. Espero que seja uma das nossas. Nós temos aqui algumas meninas como a senhora procura, mas devo avisá-la que uma delas, embora muitas pessoas quisessem adotá-la, recusa-se aceitar. Afirma que está esperando sua mãe vir buscá-la. Diz que a conhece. Só que ela está aqui desde o dia que nasceu, e sua mãe morreu no parto, o que torna impossível que ela realmente a conheça. Sabemos que isso é coisa de criança, logo passa, mas para nós tem sido um sério problema. É uma menina muito inteligente. Estou avisando a senhora, apenas para que não se decepcione, se porventura optar por ela.

— Muito obrigada! Deve ter sido difícil para essas pessoas. Eu posso vê-las agora?

— Sim. Vamos.

Rosamaria, entrou na ala das meninas...

Quase todas tinham entre dois e três anos. Algumas brincavam na sala ampla e outras estavam nos berços.

Olhou uma por uma das que se divertiam e até brincou com elas. Mas, ao se aproximar do berço de uma delas, seu coração disparou. A menina olhou firme para ela e perguntou:

— Por que demorou tanto para vir me buscar?

Muito emocionada, Rosamaria tomou-a em seus braços e, abraçadas, começaram a chorar. A irmã de caridade, preocupada ao assistir a cena, aproximou-se das duas e, tentando avisar Rosamaria, perguntou à menina:

— Você não está esperando sua mãe vir lhe buscar?

— Esta é minha mãe! Você não está vendo?

A irmã de caridade, tomada de forte emoção, teve que sentar-se e deixar as lágrimas correrem abundantes em seu rosto.

Paulo e Roberta

Paulo e Roberta conheceram-se na faculdade. Os dois tinham tantas coisas em comum, que acabaram descobrindo que não poderiam viver separados. Casaram-se. Ele se formou em engenharia; ela em pedagogia. Após construírem a casa dos seus sonhos, passaram a viver momentos de muita alegria. Faltava agora realizar o segundo sonho: ter um filho. Estava difícil, pois ela tinha um problema uterino. Entretanto, depois de alguns tratamentos, finalmente teriam o primeiro filho. Grávida de dois meses, Roberta não conseguia disfarçar a felicidade que estava sentindo.

Porém, junto à essa felicidade somaram-se momentos de preocupação. No quinto mês de gestação, o médico advertiu o casal de que era uma gravidez de risco, pois havia constatado que as anomalias no útero se acentuaram.

Sob rígida dieta e repouso, Roberta conseguiu cumprir os nove meses de gestação. No dia 20 de março de 1975, submetendo-se a uma cesariana deu à luz um lindo e forte menino.

No momento em que receberam a alta do hospital, o médico que os assistiu informou ao casal que não poderiam mais ter filhos, devido ao problema que havia se apresentado.

A felicidade deles era tanta, que pouca importância deram à notícia.

O lar estava agora em clima de festa! Deram ao menino o nome de Ricardo.

Os anos passaram...

Ricardinho começara a frequentar o pré-primário. Roberta o adorava, quase sempre olhando para ele com um olhar cheio de ternura, afirmava:

— Este é o meu filho! Meu único e adorado filho!

Realmente, Ricardinho era um menino muito inteligente. Muitas vezes surpreendia Roberta com afirmações interessantes que fazia ao retornar da escolinha.

— A Tia Luiza não sabe ensinar outra coisa a não ser escrever nomes. E eu já estou cansado disso, quero aprender outras coisas.

— Que outras coisas você gostaria de aprender?

—Tudo. Ler e escrever bastante coisas.

— Está ótimo! Eu vou te ensinar. Afinal de contas, a mamãe também é professora.

Roberta começou a ensiná-lo e ficou surpresa ao ver com que facilidade o menino aprendia.

Todos que o conheciam, adoravam-no. Janice, a jovem empregada do casal, tinha verdadeira paixão pelo menino, tratava-o como se fosse seu próprio filho.

Certo dia, como fazia todos os domingos, Roberta preparava um bolo. Ricardinho como sempre ficou bisbilhotando a mãe na cozinha, acompanhando seus movimentos. Em dado momento, começou a se sentir mal. Quando Roberta percebeu, ele estava caído inerte no chão. Desesperada, chamou o marido e correram com ele para o hospital.

A tragédia se abateu sobre aquele lar...

Ricardinho havia sofrido um ataque cardíaco provocado por uma deficiência coronária congênita. Com lesão grave no coração, tinha poucas chances de sobreviver.

Junto ao seu leito, Roberta chorava copiosamente. Só Deus sabia a dor que ela estava sentindo naquele momento. Ricardinho, quase sem forças, ainda conseguiu confortá-la:

— Mamãe! Não chore. Se eu morrer, vou pedir ao Papai do Céu para voltar. Eu prometo!

Naquele momento, fechou os olhos para sempre.

Roberta quase enlouqueceu. Graças ao amparo do esposo e de Janice, conseguiu superar os momentos mais difíceis.

Três anos se passaram...

O lar continuou regado de lágrimas. Vez ou outra, Roberta sonhava com Ricardo brincando pela casa. Depois de algum tempo, mudaram-se para um apartamento, tentando fugir das lembranças. A mudança fez bem a ela, estava mais calma e menos triste.

Algum tempo depois, Janice adoeceu. Roberta, preocupada, levou-a ao hospital. Depois de passar pelos exames preliminares, ficou internada. Dois dias após a internação, o médico que assistiu Janice, informou:

— Dona Roberta, a moça está muito doente. Está com o mal de chagas em um estágio muito avançado. Precisa de um tratamento rigoroso para que possa levar a gravidez até o final, sem maiores problemas.

— Ela está grávida?

Perguntou Roberta, transtornada.

— Sim. Está grávida de três meses.

— Ela precisa ficar internada?

— Não. Hoje mesmo vou lhe dar alta. O tratamento e os cuidados necessários poderão ser aplicados em casa.

Roberta, bastante apreensiva, aguardou que fosse confirmada a alta de Janice e logo após, retornaram para casa.

Janice passou o dia calada. Roberta, percebendo sua tristeza, confortou-a:

— Não se preocupe, vamos ajudá-la. Eu e Paulo devemos isso a você. Por que não me contou que estava grávida?

— Não queria preocupá-la.

— Quem é o pai?

— É um moço que eu conheci, quando fui passear em Aparecida do Norte. A gente começou a brincar e acabou acontecendo. Eu não sei quem é ele, só sei que é muito bonito.

Percebendo a inocência de Janice, Roberta limitou-se a encorajá-la. Paulo também foi solidário. A partir daí, os dois passaram a tratar de Janice.

Transcorrido o tempo de gravidez, deu à luz um lindo menino. O parto ocorreu dentro das normalidades possíveis que o seu estado de saúde permitiu.

Novamente aquele lar passou a viver momentos de festa! A criança era muito bonita e se tornara alvo da atenção do casal.

Após quatro dias da alta hospitalar, Janice começou a apresentar uma debilidade de muito grande. Roberta comentou com Paulo e ele resolveu levá-la ao médico.

Janice foi internada novamente. Segundo os médicos, seu estado de saúde era muito grave.

Depois de alguns dias, o diagnóstico se confirmou. Janice veio a falecer.

Sozinha, sem parentes conhecidos, Roberta teve que providenciar o seu sepultamento. Ao procurar seus documentos em meio aos seus pertences, encontrou uma carta com os seguintes dizeres:

"Dona Roberta, pelo amor de Deus. Se eu morrer, cuida do meu filho. E, se puder, ame-o como eu amei o seu."

Profundamente emocionada, Roberta chorou durante horas.

Depois do sepultamento, ela e o esposo discutiram a situação:

— E agora o que vamos fazer?

Perguntou Roberta.

— Não há outra coisa a fazer, senão adotar o menino.

Afirmou Paulo.

Roberta naquele momento lembrou de Ricardinho. Não seria uma traição colocar outro no seu lugar?

Perguntou a si mesma.

Diante do seu silêncio, Paulo inquiriu:

— Então, o que vamos fazer?

Hesitante, acabou concordando com a adoção. No dia seguinte, registraram a criança como filho legítimo e a batizaram com o nome de Marcos.

Com o passar do tempo, Roberta afeiçoou-se ao menino. Entretanto, ainda sofria a perda de Ricardo.

Marcos, a cada dia demonstrava uma inteligência fora do comum.

Aos quatro anos, conversava como gente grande. Certa noite, quando Roberta o colocava no berço, ficou surpresa ao ouvi-lo afirmar:

— Eu gostava mais da outra casa.

— Que outra casa? – perguntou Roberta.

— Aquela que tinha um quintal grande.

— É melhor você dormir, está falando bobagens.

Dizendo isso saiu do quarto muito intrigada com a conversa dele.

Na sala, comentou com o marido.

— Isso é coisa de criança.

Afirmou Paulo.

O tempo foi passando...

Todas as noites, Marquinhos a deixava confusa com suas afirmações.

Certa noite, ela estava vivendo um momento de muita saudade de Ricardinho e, ao colocar Marquinhos no berço, começou a chorar...

— Mamãe, não chore! Lembra que eu prometi a você que ia pedir ao Papai do Céu para voltar? Eu voltei. E quando eu crescer mais um pouco, quero ir para a escolinha da Tia Luiza.

Naquele instante, Roberta renasceu! Abraçou Ricardinho ou Marquinhos, que importava agora o nome? O importante foi ela sentir que realmente seu filhinho amado estava ali, agarrado ao seu peito, em um feliz reencontro.

Durante algum tempo, Marquinhos ainda manteve algumas lembranças de quando era Ricardinho. Somente aos seis anos de idade tais lembranças se apagaram definitivamente.

Roberta, entretanto, jamais esqueceria. Olhando-o com olhar de ternura, afirmava constantemente:

"Este é o meu filho! Meu único e adorado filho!"

Triste reencontro

Antes de desencarnar, o senhor Gouveia redigiu em cartório um testamento, legando todos os seus bens para sua esposa e, na falta desta, para os filhos, Palmira, com dezoito anos e Bruno, com vinte.

Viúva, a senhora Gouveia passou a administrar os bens da família, o que sabia fazer muito bem, exceto quando se tratava de administrar os problemas que constantemente envolviam os filhos.

Bruno, desde criança demonstrou forte aversão pela irmã. As brigas eram constantes. Com a morte do pai, o relacionamento entre os dois piorou.

Palmira sofria muito, o irmão facilmente manipulava os sentimentos da mãe contra ela. Aliás, a senhora Gouveia sempre demonstrara um apego maior pelo filho.

Apesar dos problemas no lar, Palmira era uma jovem alegre e comunicativa. Certo dia, conheceu o jovem Marcos, por quem se apaixonou. Ao apresentá-lo à mãe e ao irmão, teve uma surpresa. Os dois se opuseram ao namoro alegando que o rapaz era um "joão ninguém" e que jamais consentiriam o casamento.

Ela sofreu muito, pois não esperava tal reação. Mas, apesar disso, manteve o namoro com Marcos. Esperava um dia conquistar pelo menos a aprovação da mãe. Em pouco tempo, descobriu que todo esforço era inútil. Bruno fizera-se inimigo também de Marcos a ponto de várias vezes ameaçá-lo com violência.

Palmira, muitas vezes recorreu à senhora Gouveia:

— Mamãe! O Bruno está ameaçando o Marcos. A senhora não vai tomar providências?

— Bruno está certo. Você precisa romper esse namoro. Não vê que esse rapaz está interessado apenas no nosso dinheiro?

— Eu o amo! A senhora não entende?

— Não. Não entendo. Como você pode amar alguém que nada tem para lhe oferecer? Não vê que o Bruno tem razão? Esse rapaz é um aventureiro.

Essas discussões se repetiram, até que um dia, Palmira, não aguentando as pressões sofridas no lar, fugiu com o rapaz, casando-se logo em seguida.

Com a ausência da irmã, Bruno desfrutava à vontade dos bens da família. Sua mãe satisfazia-lhe todos os desejos.

Um ano depois... Palmira e o esposo atravessavam sérias dificuldades. Dona Ritinha, uma velha amiga da família, sabendo do caso, procurou a senhora Gouveia e contou-lhe o que estava acontecendo. Tocada nos sentimentos de mãe, confiou à amiga uma razoável soma em dinheiro para que fosse entregue à filha.

Bruno acabou descobrindo e insurgiu-se contra ela:

— A senhora não devia ter feito isso! Palmira não tem mais nenhum direito nesta casa. Eu vou até a casa dela dizer umas verdades àquele vagabundo que vive com ela.

— Espere. Não vá, meu filho.

Bruno não deu ouvidos à mãe e saiu nervoso...

Logo depois, veio a notícia. Seu carro desgovernara-se, chocando-se contra um poste a poucas quadras dali. O acidente foi fatal.

A senhora Gouveia entrou em choque e teve de ser socorrida às pressas.

Passados os instantes traumáticos do acontecimento, deu-se o velório. Sob fortes sedativos, recebeu os pêsames dos amigos, parentes e vizinhos...

Tudo parecia estar sob controle, até que Palmira e Marcos entraram na sala. Ao vê-los, a senhora Gouveia começou a gritar:

—Vocês são os culpados dessa tragédia! Saiam daqui. Não quero vê-los nunca mais.

Dona Ritinha tentou acalmá-la, mas não conseguiu. Palmira estava em prantos. Tentou argumentar, mas foi em vão.

Aconselhados por Dona Ritinha, retiraram-se da sala.

O tempo passou...

A senhora Gouveia não aceitava a morte do filho. Tentou encontrar resposta à sua dor, na religião. Passou por quase todas, até chegar ao espiritismo. Acompanhada de uma amiga, peregrinava pelos Centros Espíritas em busca de uma mensagem de Bruno, até que um dia recebeu um bilhete dele por meio de um médium:

— Mamãe, eu estou bem.

— Foi bom, mas é pouco. Preciso que escreva mais, para que eu possa senti-lo ao meu lado.

Com esse propósito, passou a participar de vários Centros Espíritas que realizavam o trabalho de psicografia. Em pouco tempo, acumulava dezenas de mensagens e bilhetes do filho.

Quase dez anos se passaram da morte de Bruno. Palmira ficara grávida. Nas vésperas de dar à luz, procurou a mãe para pedir-lhe que a acompanhasse ao hospital, pois estava sentindo muito medo. A senhora Gouveia recebeu-a sem muito agrado, demonstrando a mágoa ainda contida no coração.

— Amanhã não posso. É dia de reunião no Centro e, com certeza, Bruno vai me escrever. Peça ao teu marido que te acompanhe.

Decepcionada e com lágrimas nos olhos, voltou para casa. No dia seguinte, deu à luz um lindo menino.

Em função do desgosto e do esforço do parto, adoeceu. O esposo, sem ter a quem recorrer, não hesitou. Procurou a sogra, acompanhado de Dona Ritinha...

Depois de muito argumentarem, conseguiram convencê-la a ajudar, aceitou que a filha, o esposo e o neto fossem morar com ela.

Assim foi feito.

Passaram-se algumas semanas. Parecia ir tudo bem, até que um dia, ao retornar da reunião de psicografia, a senhora Gouveia começou a reclamar em voz alta:

— Eu sabia que isso ia acontecer. Foi só vocês mudarem para cá e o Bruno parou de escrever. Eu tinha certeza de que ele não iria gostar que vocês viessem morar aqui.

Palmira, ainda convalescendo da enfermidade, sentiu-se profundamente magoada. À noite, conversando com o marido, decidiu que não mudaria dali. Afinal, tinha todo o direito àquela casa. Assim o fez.

Os anos foram passando... A senhora Gouveia tornou-se uma mulher amarga e de pouca conversa. Nem mesmo o netinho conseguia fazê-la sorrir. Vivia a maior parte do tempo trancada em seu quarto, relendo as mensagens de Bruno. Certa feita, o menino surpreendeu-a soluçando sobre as mensagens:

—Vovó, por que você está chorando? O que são esses papéis?

— Esses papéis são cartas do meu filho.

— Onde está o seu filho?

— Ele está no céu. Agora vai para junto de sua mãe e deixa a vovó em paz.

Dizendo isto, pegou-o pelo braço e o colocou para fora do quarto.

Essa foi a convivência da senhora Gouveia com a filha, o neto e o genro, porém, não foi longa. Pouco tempo depois, vítima de um enfarte agudo do miocárdio, desencarnou.

Seu corpo foi sepultado, mas, em Espírito, continuou na casa. Mal se deu conta do acontecido, até que seu avô paterno veio ao seu encontro, inteirando-a da situação. Mal podia crer no que seu avô lhe dizia. Desesperou-se.

— Calma minha filha, o que você deve fazer agora é vir comigo.

— Para onde? – perguntou:

— Vamos para um plano onde nossa família espiritual se abriga.

— Bruno está lá?

— Não. Não está.

— Então eu não vou. Só saio daqui para procurá-lo. É o que vou fazer agora mesmo.

Desesperada, saiu em direção à rua. Durante muito tempo, caminhou a esmo chamando pelo filho. Visitou os Centros Espíritas que conhecera e, manifestando--se por meio dos médiuns, pedia que ajudassem a encontrar seu filho.

Depois de muito perambular, voltou para casa. Novamente seu avô veio ao seu encontro. Ao vê-lo, ajoelhou-se aos seus pés e implorou:

— Por favor, leve-me ao encontro do meu filho!

— Vem, eu vou levá-la até ele.

Passando o braço sobre seus ombros e segurando a sua mão, conduziu-a até o quarto ao lado daquele em que estavam e, apontando para o netinho que dormia, afirmou:

— Eis o seu filho!

— Como isso é possível?

— Bruno desencarnou graças aos desígnios de Deus, pois no acidente resgatou o delito cometido na outra encarnação, quando tirou a vida da Palmira. Na vida presente, mesmo renascendo como irmãos, Bruno ainda mantinha o ódio no coração. Quem sabe agora, como filho dela, conseguirá superar esse ódio e transformá-lo em amor?

— E as mensagens que eu recebi tantas vezes, por meio dos médiuns?

— Algumas daquelas mensagens eu mesmo as escrevi tentando sensibilizá-la, mas você se fez cega aos apelos que fiz para que abrandasse o seu coração. O espiritismo, que deveria lhe renovar a alma, para você só existiu em função das mensagens do Bruno.

Naquele instante, a senhora Gouveia agarrou-se ao netinho e em prantos começou a gritar:

— Meu filho... Perdoa-me, perdoa-me!

Reencontro com Lucas

Regina e sua família, participam das reuniões do nosso grupo desde a sua fundação.

Quando começaram, ela tinha um problema que lhe causava sérios aborrecimentos. Jovem cortejada, quando arrumava um namorado e marcava encontro, no momento de se aproximar do rapaz sentia-se muito mal; sofria um inexplicável acesso de choro, tonturas, e às vezes até ânsia de vômito.

Quase sempre se via obrigada a romper o compromisso. Informados do caso, iniciamos um trabalho de auxílio espiritual.

Em breve tempo, constatamos tratar-se de um Espírito que a amava muito, e que, ao vê-la afeiçoar-se à alguém, sentia-se traído.

Sob a influência dele, Regina desenvolveu a mediunidade e, por meio dela, passamos a conversar com esse Espírito regularmente em nosso trabalho de desobsessão.

— Eu a amo! – dizia ele.

Suas lágrimas nos comovia.

Inspirados pelo amigo espiritual que dirige o nosso trabalho, dissemos à ele:

— Meu irmão, você poderá desfrutar do afeto da nossa irmã de uma forma legítima, renascendo como seu filho.

— Não... Assim eu não quero. Falaram-me sobre isso. Eu não quero.

—Você deveria pensar melhor, embora não seja obrigado, esta seria a solução que acabaria com o seu sofrimento.

— Não... Não...

Recusava e partia chorando muito.

Este diálogo repetiu-se por muitas vezes. Em setembro de 1987, Regina conheceu Roberto. Seu problema se agravou. Mal conseguia manter contato com o rapaz.

Desesperada, comunicou-nos o fato. Foi quando o plano espiritual nos informou que Roberto seria o seu esposo. Isso afligia o nosso irmão desencarnado, que usava de todos os recursos ao seu alcance para evitar a união dos dois.

Muitas vezes, ela foi ao cinema com o rapaz. Mas, logo, sob a influência desse Espírito, começava a se sentir mal. Diante disso, punha-se a chorar, estragando o passeio.

Em vista aos agravantes do caso, os amigos espirituais traziam o irmão para o diálogo todas as semanas. Muitas vezes, choramos com ele. Revelava-se um Espírito bom, apenas obcecado por um amor doentio pela jovem.

Após muitas investidas no diálogo fraterno, conseguimos uma trégua, Regina e Roberto ficaram noivos e, no dia 17 de novembro de 1990, casaram-se.

Porém, o problema não havia terminado. Nosso irmão se recusava renascer e continuava causando embaraços para o casal. Os diálogos continuaram, sempre num clima de muita emoção, até que, no início do ano de 1992, quando, em uma noite, durante o trabalho de desobsessão, após a prece de encerramento, uma das médiuns, viu entrar na sala um Espírito na forma de criança, que, olhando para Regina, disse o seguinte:

— Meu nome é Lucas, eu vim ver a minha mãe.

Ao ouvir o relato da médium, Regina e sua mãe começaram a chorar emocionadas. Foi uma grande prova, pois desde menina falava para sua mãe que quando tivesse um filho, ele se chamaria Lucas. Realmente, depois de algum tempo, ficou grávida! No dia 10 de outubro de 1993, Lucas retornou para seus braços!

Reconciliação

Fernando e Andréa, casaram-se em 6 de abril de 1991.

Tinham como projeto de vida a dois, arrumar um filho imediatamente. Entretanto, o tempo foi passando e tal projeto não se realizava.

Submeteram-se aos exames de praxe, os quais se apresentaram dentro das normalidades, demonstrando que nada fisicamente os impedia de ter filhos.

No início de fevereiro de 1992, Fernando resolveu nos procurar.

Ao chegar na casa onde realizamos nossos trabalhos, disse-nos o seguinte:

— Eu e minha esposa estamos tentando arrumar um filho, mas parece haver alguma coisa que nos impede. Segundo os exames que fizemos, fisicamente somos normais. Não sei o que está acontecendo.

Diante dos fatos, orientamos o casal a participar das reuniões de desobsessão.

Atendendo nossa orientação, começaram a frequentar os trabalhos do nosso grupo. Na segunda vez que se fizeram presentes, enquanto ouviam os comentários do Evangelho, no salão dedicado ao público; na sala de desobsessão, manifestava-se um Espírito que se dizia burlado pelas leis de Deus, pois no plano espiritual só encontrara pessoas estranhas, e que, os entes que ele amava deixaram de existir.

Inspirados pelo benfeitor que nos assistia, soubemos tratar-se do Espírito ligado ao casal Fernando e Andréa. Ainda inspirados pelo benfeitor que orienta nosso grupo, iniciamos o diálogo:

— Querido irmão, os entes queridos que você procura estão reencarnados e esperam por você.

— Impossível! Eu não os encontro, apenas vejo-me preso a quem jamais gostaria de encontrar.

Percebemos que se referia ao Fernando. Então, continuamos o diálogo:

— Meu irmão, estes Espíritos que estão à nossa volta, oferecendo-nos mãos fraternas, vão levá-lo aos entes queridos os quais julga ter perdido. Vá com eles, em nome de Jesus.

Depois que partiu, o benfeitor nos orientou que os entes queridos aos quais ele se referia, eram os pais e os avós da Andréa.

Encerrada a reunião, orientamos Fernando a rezar todas as noites para que fôssemos ajudados no trabalho que se iniciava. Na próxima reunião, Fernando nos procurou e contou-nos o seguinte:

— Um dia após a reunião da semana passada, eu tive um sonho muito interessante. Estava eu, o senhor, e uma outra pessoa, que senti tratar-se de um Espírito desencarnado. O senhor tentava convencê-lo a reconciliar-se comigo. Eu senti medo de encará-lo, cobri meu rosto com as mãos, então ouvi ele gritar "não" e bater na mesa que havia no local.

Ontem, logo após deitar-me, o sonho se repetiu. Eu estava mais tranquilo, não sentia medo, então vi novamente o senhor e o mesmo Espírito conversando, percebi que ele também estava calmo. Em determinado momento, ele se dirigiu para mim e me abraçou. Ambos começamos a chorar. Nesse instante, eu acordei ainda chorando.

Diante da narrativa de Fernando, que se mostrava bastante emocionado, disse-lhe:

— Esse Espírito com o qual você se reconciliou será seu filho. Brevemente, sua esposa ficará grávida.

Realmente! No mês de abril de 1992, Andréa ficou grávida e, no dia 4 de janeiro de 1993, nasceu Rafael, contribuindo para aumentar a fé do casal. Fernando nos informou que reconhece no seu filho algumas características do Espírito com quem manteve o diálogo fora do corpo.

Reencontro difícil

Estava casado há dois anos. Tinha um filho com um ano e três meses e outro com dois meses e alguns dias.

Certa manhã, ao levantar-me para ir ao trabalho, olhei no berço do meu filhinho de dois meses e, com uma dor imensa no coração percebi que estava morto.

Depois do choque que tivemos, eu e minha esposa fizemos os preparativos para o funeral. No momento em que o seu corpinho estava sobre a mesa, minha mãe viu o Espírito de uma mulher aproximar-se dele, rindo às gargalhadas.

A partir desse dia, minha vida se transformou. Minha mulher, que nunca fora agressiva, passou a me maltratar. Os meus negócios começaram a regredir de tal forma, que durante o período de oito meses, não consegui sequer pagar o aluguel da casa onde morava. Todos os meus planos pareciam ir por água abaixo. Até o alimento ameaçava faltar. Nesse clima difícil, tivemos mais um filho.

O tempo passou...

Com muita luta, consegui me equilibrar financeiramente, mas o trato com minha mulher piorou. Meu primeiro filho, que contava quase três anos de idade, afirmava ver uma mulher andando pela nossa casa.

Certo dia, quando retornava do trabalho, sem qualquer motivo, minha esposa tentou me agredir. Sabendo do que se tratava, mantive a calma. Abri meus braços e orei com fé. Imediatamente, ela caiu no chão. Logo percebi tratar-se do Espírito que minha mãe e meu filho haviam visto. Com palavras amigas, tentei convencê-la a abandonar tal perseguição, porém, seu ódio por mim era tanto que gritava:

— Maldito... Vou acabar com você!

Essa cena se repetiu durante quatro anos, duas ou três vezes por semana. E, a cada investida, eu lhe dava o que havia de melhor em mim, tratando-a com respeito e carinho. Graças ao conhecimento espírita, eu sabia que algum mal havia feito para aquela irmã, em outra vida.

Eram os últimos dias de junho de 1972. Pela manhã, estávamos conversando, eu, minha esposa e meu cunhado, quando a nossa irmã incorporou novamente. Chorava muito. Comovido, eu chorei também. Senti que naquele momento havia conquistado o seu perdão. Conversamos em prantos, e quando partiu, prometeu não mais nos molestar. Logo em seguida, meu cunhado incorporou um Espírito que não revelou seu nome, mas disse-nos o seguinte:

— Meu irmão! Deus concedeu a vocês a oportunidade de transformar esse ódio em amor. Nossa irmã renascerá como sua filha. Preparem o berço. Ela virá na figura de uma linda menina de olhos claros. Esta é a prova que lhe dou.

Realmente! Em pouco tempo, minha mulher concebeu e, em abril de 1973, nasceu minha filha. Uma linda menina de olhos claros! Foi uma grande prova, principalmente para minha esposa que ainda tinha algumas dúvidas com relação à vida eterna. Graças às experiências vividas com minha mãe, o fato veio apenas confirmar a fé que cultivo desde criança e sem a qual, o meu lar teria se desmoronado.

A prova maior veio depois...

Devido ao ódio que a irmã sentia por mim, e que em tão pouco tempo não poderia ser apagado do seu subconsciente, durante a gravidez, minha mulher sentia-se influenciada por ela, a ponto de sentir aversão por mim.

Durante os nove meses de gravidez, meu relacionamento com minha esposa foi muito difícil. Precisei de muita paciência para superar.

Depois que nasceu, quando tinha alguns meses de idade, eu não podia tocá-la. Ao pegá-la no colo, imediatamente punha-se aos gritos como se estivesse sentindo dores. Bastava entregá-la a alguém e ela prontamente se acalmava.

Até os três anos de idade, tivemos uma relação muito difícil. Ela sempre me olhava com reserva e raramente respondia às minhas perguntas. Brincava e sorria com todos, menos comigo.

Não fora meu conhecimento espírita, talvez essa aversão tivesse se perpetuado até hoje. Cheguei em alguns momentos a pensar em desistir de conquistá-la. Minha dor era muito grande. Por mais que eu tentasse me aproximar, ela rejeitava-me rudemente.

Apesar de tudo, continuei insistindo, até que finalmente consegui conquistá-la. Um dia, ao chegar em casa, estava brincando no jardim, olhei para ela e, ao contrário do que sempre fazia, que era correr para junto da mãe, correu para mim e, abraçando-me, beijou-me pela primeira vez. Chorei emocionado. Hoje ela tem vinte e cinco anos, e nos amamos muito!

Cantos de Luz

Natanael

Natanael era um cristão sincero, apegado em demasia à letra. Não entendia os homens, achava que todos estavam condenados ao inferno e, somente aqueles que participavam da sua fé, é que seriam salvos.

Certa noite, indignado com o mundo, porém vivendo um momento de sincera emoção, começou a conversar com Jesus:

— Senhor... Hoje é Natal! Afirmam os homens que é a festa máxima da Cristandade. Entretanto, Senhor, ainda agora antes de anoitecer, caminhei pelas ruas da cidade e observei que todas estão enfeitadas com ricos adornos coloridos, mas nenhum lembrou-me Você. Contemplei as vitrinas exuberantes, exibindo o supérfluo do mundo! Li belíssimos cartazes, mas nenhum falava de Você.

Visitei os lares em festa, esperando em meio à alegria encontrá-Lo homenageado, porém, entre os vinhos e licores, o convidado mais importante era um peru recheado.

Triste, continuei minha jornada pisando a calçada recoberta de pedaços de papel, denunciando o desperdício de um mundo que trocou Você pelo "Papai Noel".

Desanimado, sentei-me sob este viaduto onde contemplo o contraste e a ironia dos homens... Nas ruas, a corrida em busca do supérfluo. Nos lares, o desperdício das mesas lautas. Aqui, entre os trapos e as feridas que os consomem, homens, mulheres e crianças sofrem a falta do mínimo necessário.

Diga-me, Senhor, onde está a festa máxima da cristandade?

Naquele instante ouviu uma voz falando-lhe ao coração:

— Natanael... Por que condena os homens?

Emocionado, respondeu:

— Mestre, eles blasfemam neste dia santo, e não Lhe oferecem festa digna.

— E qual é a festa que você me oferece? Perguntou-lhe Jesus.

— Todos os dias cultuo o Seu nome, estudando as escrituras sagradas!

Afirmou, cheio de convicção.

— Natanael... Os homens que você condena estão embriagados pelas ilusões do mundo, e você está embriagado pelas ilusões da fé sem raciocínio. A minha festa acontece todos os dias, desde o tempo dos apóstolos.

Confuso, Natanael perguntou:

— Senhor, diga-me onde?

O Mestre respondeu-lhe:

— Onde estiver alguém servindo ao seu próximo em meu nome; ali meu coração estará em festa. Agora mesmo, ele se regozija, pois estamos em meio a uma festa máxima da cristandade.

Sem compreender ainda, tomado de forte emoção, Natanael virou-se para trás como a procurar alguma festividade. Surpreso, viu um grupo de pessoas distribuindo carinhosamente alimentos e agasalhos para os pobres desvalidos sob aquele viaduto. Tímido e chorando muito, demonstrando que entendeu a lição, aproximou-se do grupo e ofereceu-se para ajudar. No momento em que auxiliava uma senhora a fazer um curativo na perna de um ancião, ouviu a voz do Mestre ecoando em sua consciência:

"Aquilo que fizerdes a um de meus pequeninos, a mim o fareis."

Médium metódico

Roberto Fagundes era um homem metódico ao extremo. Tudo que realizava obedecia a uma rígida organização. Tinha horário para dormir, acordar, barbear-se, comer, ler, escrever... Enfim, tudo era observado nos seus mínimos detalhes.

Certa noite ao deitar-se, quando apagou a luz do quarto, levou um susto. Tinha alguém sentado à beira da sua cama. Levantou-se rapidamente e acendeu a luz. Qual não foi sua surpresa ao ver que não havia ninguém ali. Desconcertado, voltou a deitar-se. Novamente percebeu um vulto aproximar-se...

— Quem é você? – gritou trêmulo.

— Sou seu avô.

— Meu avô está morto. Quem é você?

— Ninguém morre, Fagundes. Estou mais vivo do que você!

— Suponhamos que seja realmente meu avô. O que quer de mim?

— Trabalhar! Precisamos trabalhar!

— Tenho trabalhado todos os dias da minha vida! – exclamou Fagundes, indignado.

— Procure o espiritismo e você saberá do que estou falando...

Após seu avô repetir tal recomendação, desapareceu!

Naquela noite, Fagundes não conseguiu pregar o olho. Divagou madrugada à fora.

— Espiritismo? Eu sou homem dessas coisas? Só pode ter sido um sonho, ou melhor, um pesadelo!

Depois de relutar alguns dias, num misto de curiosidade e preocupação, resolveu atender à recomendação do avô desencarnado.

No Centro...

Depois de narrar o acontecimento a um experiente lidador, foi aconselhado a estudar o espiritismo e a participar das reuniões do grupo.

Atendendo à orientação, passou a estudar e a frequentar as reuniões que aconteciam às terças feiras.

Em pouco tempo revelou-se médium auditivo. Orientado pelo avô, em Espírito, e por um médico desencarnado, cujas vozes ouvia claramente, passou a receitar, realizando verdadeiros prodígios no campo da cura. Em pouco tempo, transformou as reuniões das terças-feiras em trabalho de receituário.

Sua fama alcançou os aflitos da região, que lotavam o pequeno Centro de trabalho.

Embora a necessidade crescente à sua volta, Fagundes continuava metódico. Atendia apenas uma hora e quinze minutos, às terças-feiras. No máximo, seis pessoas. Era o único tempo de que dispunha.

— Nenhum minuto a mais – afirmava constantemente.

Os anos se passaram... Alguns aflitos que não logravam o atendimento às terças-feiras, ousavam bater às portas do seu lar.

Impassível, Fagundes respondia aos apelos desesperados:

— A única hora vaga de que disponho, é às terças-feiras. Minha vida é organizada, não abro mão sequer de um segundo a mais para vos atender – dizendo isto, batia a porta.

O tempo correu célere, embora envergado pelos anos, Fagundes continuou inflexível até que a morte o transportou ao país da realidade.

Arrebatado em Espírito, viu-se frente à entrada dos Planos a que fora destinado.

— Enfim... Aqui estou!

Exclamou eufórico.

Ao atravessar os Portais Celestes, foi barrado por um anjo.

— Tudo bem, meu anjo! Fui médium na Terra, dediquei minhas horas vagas aos aflitos.

— Ótimo! O senhor entrará pelo portão a leste daqui.

Fagundes, com um sorriso traindo sua alegria, agradeceu e foi para a frente do tal portão. Para sua surpresa havia milhares de Espíritos aguardando a entrada. Curioso, aproximou-se de um deles e perguntou:

— Todos que aqui estão vão entrar?

— Sim, todos vão entrar, porém... Quando, ninguém sabe.

— Por quê?

Perguntou Fagundes, indignado.

— O anjo que abre esse portão é metódico, só o faz quando dispõe de uma hora vaga em meio às suas santificantes obrigações, portanto, só aparece aqui uma vez por semana. Quando o abre, é por tão pouco tempo que mal dá para entrar cinco ou seis Espíritos a cada semana.

Fagundes olhou à sua volta e, temendo pela resposta, perguntou:

— Há quanto tempo você espera pela oportunidade de entrar?

— Apenas vinte anos. Alguns por aí, há mais de meio século.

Fagundes desequilibrou-se e despencou em direção à Terra. Alguns videntes juram vê-lo no Centro onde trabalhou, gritando desesperado:

— Vamos trabalhar!

As três sementes

Todas as semanas, há alguns meses, um grupo de simpatizantes da Doutrina Espírita reunia-se para estudos no casarão do Dr. Oliveira, em Petrópolis.

Convidado por um amigo, fui participar de uma dessas reuniões.

Em torno de uma mesa no centro de um luxuoso aposento, os estudos se desenvolviam com apartes inflamados na disputa da palavra.

— Espiritismo, no meu entender é ciência! – afirmou Resende.

— Concordamos! – anuíram alguns irmãos presentes.

— A filosofia espírita é tão profunda, a ponto de tornar prescindível qualquer tema religioso. – asseverou Raimundo.

— Eu entendo o espiritismo como religião libertadora!

Declarou com firmeza a Sra. Cândida.

Em meio ao calor das opiniões, o Dr. Oliveira pediu um aparte, sugerindo que fosse convocado o Guia Espiritual para avaliar as opiniões, no que, todos concordaram.

Antonio, Espírito amigo da família Oliveira, presente à reunião, atendeu à convocação.

Envolvendo a Sra. Resende, falou aos presentes:

— Caros irmãos! Na esfera onde aprimoro meus conhecimentos, nossos orientadores, à guisa de nossas inquirições, costumam contar histórias que estimulam nossa inteligência a encontrar as respostas que desejamos. Esta noite farei o mesmo, vou contar-lhes uma história:

No fim do século XVII, um pesquisador francês, vasculhando os porões de um velho castelo em ruínas nas cercanias de Nantes, encontrou uma ânfora hermeticamente selada contendo centenas de grãos. Eram sementes cuja qualidade nunca havia visto antes. Entusiasmado com a descoberta, convocou seus colegas cientistas para estudá-las.

Em pouco tempo, as sementes foram rodeadas de mentes brilhantes que representavam a elite acadêmica da época.

Depois de muitos debates e conclusões, resolveram fazer um teste. Juntaram três enormes vasos contendo terra de excelente qualidade e em cada um deles plantaram uma semente.

Passadas algumas semanas germinaram, porém, foi uma decepção para todos, nada apresentavam de extraordinário. Mesmo depois de alguns meses desenvolveram apenas frágil e tenro talo sem viço. Realizaram várias tentativas, porém, em vão, as sementes não revelaram as qualidades que esperavam. O grupo de cientistas decepcionado, incumbiu o zelador do laboratório de se desfazer das sementes.

O zelador, pessoa simples, criada no campo, não achou de bom alvitre o que lhe ordenaram e acabou plantando em suas terras as famosas sementes.

Passados alguns anos, tornou-se um rico agricultor, transformando o lugarejo onde morava em uma das regiões mais ricas em agricultura. Tudo devia àquelas sementes que produziam de forma espetacular. Feliz, resolveu agradecer aos cientistas. Estes o receberam no laboratório, porém, espantados com as afirmações do zelador cravaram-no de perguntas:

— Como o senhor conseguiu fazer germinar as sementes que aqui no laboratório, apesar de todos os recursos científicos, se revelaram estéreis?

— Eu plantei uma semente numa cova e ela não vingou, então lembrei que algumas sementes devem ser plantadas juntas. Ai plantei duas, também não vingaram, mas quando eu coloquei três juntas... O resultado vocês conhecem!

Após esta narrativa, Antonio despediu-se, deixando os presentes meditando sobre a moral da história.

Anjo da guarda

O Sr. Homero Reis trabalhava em uma fazenda, cuidando do gado leiteiro. Era para ele um trabalho como outro qualquer. Não via nos animais um ser, mas apenas um dos produtos da fazenda. Não os amava, pelo contrário, maltratava-os. Todas as manhãs, tocava as vacas aos pontapés para o curral afim de ordenhá-las. Era muito cuidadoso quanto ao preparo do local, pois não confiava nos animais. A sua desconfiança parecia se justificar. Certo dia, uma das vacas que ordenhava, soltou-se das amarras e, tentando espantar as moscas da sua barriga, levou a pata para a frente e acabou atingindo a cabeça do senhor Homero. Imediatamente ele caiu sem sentidos. Como a ordenha era realizada muito cedo, não havia ninguém por perto para socorrê-lo, pois o pessoal da fazenda ainda estava dormindo.

Ficou ali deitado, inconsciente, mais de uma hora. Sua cabeça sangrava muito quando voltou a si. Tentou mover-se, mas não conseguiu. A vaca que involuntariamente o atingiu, começou a lamber o ferimento o que ajudou a conter o sangramento. Já estava desesperando-se, quando entrou no curral o garoto Teco, filho da dona Maria, a cozinheira da fazenda. Assustado começou a gritar:

— Seu Reis! O que aconteceu com o senhor?

—Vá buscar socorro meu filho, o velho Reis está morrendo.

Imediatamente, o garoto acordou a todos na fazenda e logo o senhor Reis estava sobre a carroça, seguindo rumo à cidade em busca do socorro médico.

Em três semanas, sob cuidados médicos, o senhor Reis se recuperou e estava de volta à fazenda. Teco foi o primeiro a visitá-lo em seu casebre.

— Como está o senhor? Melhorou?

— Estou bem, meu filho. Graças a você que chegou na hora certa. O médico disse que se eu tivesse tardado em chegar, eu teria morrido de hemorragia. O que eu não entendo é o que foi fazer no curral aquela hora, se você é sempre o último a acordar aqui na fazenda.

— Eu vou contar para o senhor! Ainda não contei para ninguém. Naquele dia eu sonhei que um homem alto usando um chapéu igual a esse que o senhor usa, chegou à beira da minha cama e disse: "Levanta e vai até o curral, o senhor Reis não pode morrer ainda. Diga a ele que aprenda a tratar melhor nossos irmãos inferiores." Assustado eu acordei e corri para o curral.

— Isso foi um milagre, meu filho! Diga-me, você recorda a fisionomia desse homem que lhe apareceu em sonho?

— Sim! Era alto como o senhor, moreno e muito forte.

— Venha até aqui, meu filho.

Dizendo isso abriu uma gaveta do armário que estava próximo à cama, pegou uma fotografia amarelada pelo tempo e com lágrimas nos olhos perguntou:

— Teco, meu filho! É este o homem que você viu em sonho?

— É ele mesmo! Estava do jeitinho que está nessa foto.

— Esse homem é o meu pai. Morreu quando eu ainda era criança.

— Era seu pai. Agora é o seu Anjo da Guarda. Salvou a sua vida e ensinou-lhe uma lição.

— É, Teco, realmente eu preciso tratar melhor os animais. Afinal de contas, são eles que me ajudam a ganhar o pão de cada dia.

O grande obstáculo

Aproveitando uma rara oportunidade de participar da presença de um Benfeitor, cuja sabedoria e bondade se concentram servindo em terras brasileiras, a serviço da humanidade, fiz-lhe uma pergunta:

— Mestre! Qual o maior obstáculo que o movimento espírita terá que vencer para finalmente se consolidar na mente humana?

— Fora do movimento tudo será revertido em recursos para engrandecê-lo. O maior obstáculo reside em suas próprias fileiras. Em recente visita à Terra, assisti à uma reunião de alguns irmãos convocados a servir no movimento assistencial de um Centro Espírita, igual a muitos outros existentes na Pátria do Evangelho. José, o dirigente da Instituição, adredemente inspirado pelo colaborador da nossa esfera, assimilou a vontade do Plano Espiritual em estabelecer ali um posto de auxílio, o que o levou a convocar tal reunião.

Explicou aos presentes a necessidade de se abrir uma nova frente de trabalho para assistir a algumas famílias carentes daquela região, as quais passavam por sérias dificuldades, pondo em risco o desenvolvimento de muitas crianças, pois estas apresentavam sinais de acentuada desnutrição.

— Para isso, preciso da colaboração de todos.

Explicou José.

Após o irmão colocar o problema em pauta, ouviu-se o seguinte comentário:

— Eu acho que é prematuro pensar em dispor dos recursos do Centro para essa finalidade. Ainda nem bem terminamos a construção da nossa sede.

Afirmou um dos presentes.

— É preciso pensar bem! Não é uma tarefa fácil, sabemos que no meio dessa gente tem muitos que se aproveitam e, às vezes, precisam menos do que nós.

Falou Arlindo, um dos membros da diretoria.

— O Sr. pode contar comigo. Pouco tenho, mas se for preciso eu saio a pedir aos vizinhos e amigos.

Disse sorrindo uma senhora.

— Não podemos começar um trabalho sem garantias, senão teremos problema de continuidade. Concordo com o irmão que disse que é prematuro.

Afirmou Arlindo.

O encontro durou pouco mais de uma hora. As opiniões se dividiram, apenas uns poucos irmãos concordaram com o dirigente.

Encerrando a reunião, José arrematou:

— Respeito a opinião de todos mas, por força da necessidade que pede auxílio em nossas portas, sinto que, como responsável pelos trabalhos materiais desta Casa, devo iniciar a tarefa tão logo termine os preparativos necessários. Espero que os irmãos entendam a minha atitude, pois ela se faz necessária. E, com certeza, os amigos espirituais que nos assistem vão nos ajudar em mais esta tarefa.

Na rua, acompanhei alguns irmãos que saíram juntos da reunião, e que se opuseram à realização do evento de caridade.

Arlindo, um deles, foi o primeiro a comentar sobre o assunto:

— José é teimoso, ele não sabe o que é lidar com essa gente. O dia que não tiver o que oferecer a eles, vão exigir, como se fôssemos obrigados a dar. Vocês concordam?

— Eu concordo! José está se precipitando e agindo como se fosse o dono do Centro, mas isso é bom, ele vai aprender a lição, não sabe as dificuldades que vai enfrentar. Amanhã nos dará razão.

Afirmou Eneas solidário com Arlindo.

— Por hoje chega de problemas. Não podemos esquecer que ainda estamos na Terra. Por falar nisso, nosso passeio às Termas na semana que vem está decidido? Vamos todos?

Perguntou Arlindo.

— Eu vou!

Gritou eufórico, Eneas.

— Não sei se vou. Estou cheio de problemas em casa e, além do mais, surgiram algumas dificuldades que eu não contava.

Lamentou um deles.

— Que nada! Não se deixe abater pelas dificuldades. Quando a gente quer, supera todas elas. Eu fiz um verdadeiro malabarismo para tornar esta viagem viável, faça o mesmo!

Afirmou Arlindo, cheio de ânimo.

— Arlindo está com a razão! Tudo é possível quando a gente quer. Se precisar de alguma coisa pode contar comigo.

Disse Enéas.

Tomados de um otimismo que na reunião de caridade não compareceu...

Seguiram felizes para suas casas.

José, entretanto, sentiu naquela noite o quanto ainda teria que sofrer para realizar a tarefa assumida.

Vê agora onde está o Maior obstáculo?

Quando o assunto é servir, a omissão, mãe do pessimismo conveniente, comparece apontando a adversidade do caminho apenas para justificar a própria ausência no serviço.

Na Terra, ainda por muito tempo, tão poucos farão tanto para tantos.

Dizendo isso, o mestre se retirou.

Velhos amigos

Dois amigos, que não se viam há muito tempo, reencontraram-se... Conversando, descobriram que tinham algo em comum, eram espíritas!

Seixas, o mais entusiasmado, deslumbrava o amigo com suas narrativas, falando de suas experiências na Doutrina Espírita.

— É, meu caro Antonio! Graças a Deus, descobri a luz que me faltava. Desde então, tenho dedicado minha vida ao enriquecimento do meu Espírito eterno!

— Que bom! – exclamou Antonio.

— Sabe... – continuou Seixas — Ainda ontem participei de um Simpósio Espírita. Adorei os temas discutidos! Alguns jornalistas falaram sobre a comunicação dos Espíritos por meio de aparelhos eletrônicos. É a Ciência confirmando a vida eterna. Você deveria estar lá.

— Eu gostaria muito! Mas... Mal tenho tempo para participar das reuniões de trabalho no Centro do qual faço parte.

— É uma pena, Antonio! Você deveria investir na luz do conhecimento. Eu já fiz vários cursos de espiritismo promovidos pelas mais renomadas instituições! Participei de muitos congressos, inclusive de um a nível internacional, com a presença de famosos médiuns estrangeiros, onde aprendi muito sobre a aplicação da Cromoterapia e das forças Psíquicas.

— Você tem razão, é pena que meu tempo é pouco.

Lamentou Antonio...

Seixas continuou...

— A semana que vem, vou participar de uma excursão Cultural Espírita, vamos até a França visitar o túmulo de Allan Kardec! Mal posso esperar para conhecer de perto os lugares onde o nosso emérito Codificador cumpriu sua missão.

— Que bom! Fico feliz em saber da sua dedicação.

— Qual nada, Antonio! Eu ainda preciso alcançar mais luz. O mês que vem, vou participar de uma reunião de dirigentes espíritas. Já analisei os temas que vão ser discutidos, todos me interessam! Por isso, faço questão de estar presente. Por que você não vem? Seria ótimo!

— Bem que eu gostaria, mas não posso, tenho muito que fazer.

— Olha, meu caro Antonio, eu não tenho nada com a sua vida, mas você deve saber que, do lado de lá, não poderá alegar que não teve tempo. Aquele que quer, sempre arruma tempo para a luz, afinal de contas o que você faz que lhe causa tantos impedimentos?

— Sabe, Seixas, quando eu conheci a luz da Doutrina Espírita, descobri que havia muitas trevas em mim, as quais não poderia dissipar apenas com a fé e o conhecimento, então resolvi agir. Já há alguns anos, fundei um orfanato, onde cuido de uma centena de crianças, isso me toma todo o tempo. A manutenção do pão até que não é difícil, pois existem corações generosos que me ajudam. É na hora de distribuir amor para essas crianças que encontro maiores dificuldades, pois nem todos que colaboram nessa área estão preparados suficientemente. Quem sabe você, com tanto conhecimento poderia ajudar-me?

Naquele momento, Seixas foi acometido de um acesso de tosse... Depois de tossir muito e vencer o pigarro, disse ao amigo:

— Sabe, Antonio... bem que eu gostaria, mas minha vida está voltada a tantos compromissos, que não me sobra tempo para nada. Por falar nisso... Preciso ir, tenho um encontro importante daqui a alguns instantes, não posso retardar-me... Prazer em revê-lo meu caro Antonio!

Acenando ao amigo, partiu em passos ligeiros...

A.I.D.S. o remédio

A A.I.D.S., como muitas outras doenças, surgiu na vida do homem à conta de medicamento importante para aqueles que extrapolaram no uso inadequado do corpo físico.

Não é causa. Sem dúvida é um efeito saneador extrafísico e moral. Extrafísico porque ajuda expurgar do corpo espiritual os elementos deletérios, contraídos ao longo das encarnações. Moral, porque em face às circunstâncias oriundas da enfermidade, o enfermo se vê obrigado a reavaliar seu comportamento, o que o leva consequentemente a adotar uma nova disciplina de vida.

O homem vive e se movimenta dentro de um pequeno universo, que é seu campo magnético, o qual se contrai e se dilata segundo suas emanações mentais. Dentro desse círculo de equilíbrio, ele acumula os frutos do seu trabalho ou da sua negligência durante sua evolução. Preso à esse universo íntimo, se vê obrigado a respirar no clima das próprias realizações.

Os frutos positivos que adquire pelos avanços morais e intelectuais, despontam nesse universo íntimo como irradiações de luz, transformando esse campo magnético em verdadeira usina de forças positivas. Entretanto, os frutos negativos surgem aí, na forma de miasmas que passam a agir como verdadeiros condensadores de forças negativas e enfermiças.

Esses miasmas, no decorrer do tempo, alimentados pela reincidência dos erros que os provocaram, acabam corporificando-se em uma determinada encarnação, manifestado-se no corpo físico, na forma de enfermidade, compatível com a causa que os criou, ou seja, surge para corrigir e inibir os abusos cometidos.

O vírus da A.I.D.S., passou por esse longo processo antes de se corporificar.

A criatura teve tempo suficiente para renovar suas atitudes. Muitos o fizeram, por isso hoje estes sofrem apenas os efeitos físicos e orgânicos, sem serem atingidos moralmente, pois não se contaminaram em relações ilícitas. Adquiriram o vírus por meio de transfusões de sangue ou por hereditariedade. Ao passo que aqueles que continuaram dando vazão aos desequilíbrios sexuais, sofrem moral e fisicamente. É a natureza cobrando do homem uma renovação urgente nos seus conceitos em relação ao sexo. Nenhum preservativo material poupará aqueles que estiverem incursos nesse processo reparador. Entretanto, a renovação moral exercerá papel importante na erradicação desse mal, no futuro.

Páginas do Coração

Carta de um excepcional

Mamãe:

Num raro momento de felicidade, retomei a consciência e, por alguns instantes, libertei-me do corpo. Livre dos embaraços físicos, pedi a Deus a oportunidade de comunicar-me com você. Sei o quanto sofre ao me ver no corpo excepcional, onde me abrigo como filho do seu coração. Por isso, quis falar-lhe:

Saiba, mãezinha querida, antes de receber-me carinhosamente em seu ventre, eu era apenas um náufrago nos mares espirituais do sofrimento. Você foi a praia que me acolheu, devolvendo-me a segurança. Não pense que se eu tivesse morrido ao nascer, teria sido melhor para nós dois. É um engano cruel, pois o que mais importa para mim é viver! E o seu amor é a força que pode prolongar-me a vida. O corpo disforme que hoje sustenta-me a existência, representa para mim um tesouro de bênçãos onde me reeduco espiritualmente, aprendendo a valorizar a vida que tantas vezes desprezei.

Sei que sofre por eu não poder lhe dar as alegrias de uma criança sadia. Porém, reconforta-me saber que, para as mães como você, Deus reserva as alegrias celestiais!

Ser mãe é missão natural das mulheres. Ser mãe de alguém como eu, é missão que Deus só entrega à mulheres especiais como você.

Vou retornar ao corpo, assim como uma ave retorna ao ninho onde se abriga das tempestades. Mas antes, rogo a Deus que lhe abençoe, colocando nesta rogativa a força da gratidão de um filho que teve a felicidade de ter um Anjo como Mãe!

Voo final

Senhor...

Esta manhã, quando o sol banhava a Terra com seus raios de luz, e o vento soprava, enchendo de vida as plantas do meu jardim... Vi uma borboleta sair do casulo e viver os primeiros momentos, após a maravilhosa metamorfose!

Agitou suas belas asas, revelando exuberante colorido, que só o pincel da natureza poderia pintar. Revigorada e aquecida pelos raios solares, alçou voo rumo a horizontes mais amplos do que aqueles em que vivia na condição de lagarta.

Ante esse fenômeno maravilhoso, onde a Sua sabedoria resplandece em beleza, meditei profundamente sobre a minha vida...

Descobri que ela se assemelha à da lagarta! Se eu continuar me arrastando no egoísmo e acomodar-me na ignorância, meu mundo será sempre pequeno e rasteiro, sem perspectivas de novos horizontes. Porém, se eu tiver a coragem para lutar e construir o casulo da fé, renunciando ao mundo mesquinho que construí sobre os alicerces dos preconceitos, tenho certeza de que por intermédio da conquista da Sabedoria e do Amor, desenvolverei duas asas que me permitirão voar na direção de um mundo melhor e sem fronteiras.

Senhor... Eu Lhe prometo, hoje mesmo começo minha luta em busca dessa realidade e, quando tiver desenvolvido essas asas, antes de voar rumo ao infinito, farei um demorado voo rasante sobre a Terra, para ajudar a libertar meus irmãos que ainda se encontram no mundo rasteiro das lagartas.

Perdão

Perdoa-me... Se na minha ignorância feri você.

Talvez eu tenha sido um crítico muito severo, detendo-me apenas na observação dos seus erros e falhas, esquecendo das enormes qualidades que você possui. Tive olhos para ver o argueiro em você, sem perceber a trave empanando-me a visão. Reconheço em mim algumas das fraquezas que encontrei em você. Portanto, jamais poderia ter atirado a primeira pedra.

Compreendo agora, que todos estamos matriculados na escola da vida, na condição de eternos aprendizes, e que somos passíveis de erros e falhas. Por isso mesmo lhe peço, perdoa-me! A partir de hoje, reconheço-lhe alma querida do meu coração!

Talvez você ainda não consiga me perdoar e, com razão, mas tenho certeza de que o Advogado Divino vai me absolver, porque nestas palavras coloquei toda a força do meu coração arrependido.

Guarde a certeza, alma querida; nas minhas preces lhe envolvo com especial carinho. E, quando não puder exaltar as suas qualidades, saberei calar as fraquezas que você e todos nós ainda possuímos, e que só o tempo poderá apagar em nós.

Sonho um dia poder lhe abraçar e, no clima do entendimento fraterno, lavar as nossas diferenças com as lágrimas do perdão.

Rogo a Deus que você encontre a paz e a felicidade que deseja. Assim como nesta atitude, encontrei a paz e a felicidade que tanto necessitava.

Atitudes de Sabedoria

Cérebro e coração

Cérebro e coração! Sede de duas forças que conduzirão o homem à perfeição e, consequentemente, à felicidade!

Sabedoria e Amor! A conquista que promoverá a integração cósmica do ser com o Universo e, consequentemente, com Deus!

No cérebro, o homem evolui do Instinto para o Raciocínio, do Raciocínio para a Inteligência e da Inteligência para o Conhecimento e, do Conhecimento, para a Sabedoria.

No coração, evolui das paixões para as Emoções, das Emoções para os Sentimentos e dos Sentimentos para o Amor.

Assim como o Conhecimento é a base para se alcançar a Sabedoria, os Sentimentos formam a base para se alcançar o Amor.

A Sabedoria é a perfeita aplicação do Conhecimento.

O Amor é a sublimidade na aplicação dos Sentimentos.

Embora sejam duas forças distintas, somente unificadas na mais perfeita sintonia, poderão conduzir o homem ao seu elevado destino.

O Conhecimento controlado pelo Amor gera a Sabedoria.

Os Sentimentos controlados pela Sabedoria, geram o Amor.

Com o cérebro divorciado do coração, o homem jamais encontrará a paz e a felicidade que tanto deseja.

Vivemos na Terra o século em que o homem realiza os maiores feitos da inteligência. Porém, raras são as realizações de Sabedoria e Amor.

Errar ainda, Desistir de acertar jamais

Quantas dificuldades surgem quando sinceramente resolvemos sair da inércia espiritual. Já nos primeiros instantes do nosso ingresso ao conhecimento espírita, alguns hábitos da nossa vida, até então desapercebidos, surgem-nos como fortes obstáculos à elevação que desejamos alcançar.

São pequenos vícios do nosso comportamento que, quase sempre desmentem as nossas melhores intenções:

A visão acostumada a vislumbrar apenas as aparências e o lado negativo dos acontecimentos...

A audição habituada a ouvir com prazer os acontecimentos menos felizes ocorridos com outrem e, também a fala consignada à crítica desprovida de elementos construtivos, e à queixa fundamentada na insatisfação.

Entretanto, não podemos desanimar, "água mole em pedra dura, tanto bate até que fura". Se perseverarmos na luta, um dia nos surpreenderemos plenamente renovados.

A medida do bem

A amplitude de um bem realizado, só pode ser medida conhecendo-se a intenção e os sentimentos de quem o praticou.

Todo bem, por menor que seja sua expressão, será sempre um imenso tesouro para quem o realizou.

Se ainda não possuímos a força para curar o enfermo, restituindo-lhe a saúde, podemos confortá-lo em seu sofrimento.

Se somos impotentes para acabar com a fome do mundo, podemos pelo menos mitigar por algumas horas a fome de alguém, oferecendo-lhe um pedaço de pão.

Se não dispomos de recursos para abrigar os desalentados, oferecendo-lhes moradia segura, podemos pelo menos doar-lhe um cobertor para que se abrigue do frio.

Deus, na construção dos mundos e na expansão do universo, serve-Se do átomo, uma das menores frações dos elementos! E na transformação da humanidade, serve-Se dos pequenos gestos de bondade do homem, a maior fração dos sentimentos!

Valores insubstituíveis

Em favor do progresso, a Ciência desenvolveu a tecnologia a tal ponto que, mãos mecânicas substituem as do homem, superando-as em força e precisão. Porém, Jesus não prescinde das mãos simples e generosas dos homens de boa vontade, para amparar e socorrer, sustentando a caridade na Terra.

A Ciência criou cérebros eletrônicos que armazenam milhões de dados, realizando equações com rapidez tal, que superam a agilidade do raciocínio humano.

Entretanto, Jesus... Continua convocando cérebros humanos com pensamentos renovados na humildade, a fim de que, sintonizados com Ele, estabeleçam entre os homens o reino de amor e paz.

Amplificadores potentes multiplicam a capacidade dos sons, superando a voz tímida do homem. Todavia, Jesus, para difundir o Evangelho, serve-Se da voz calma e amorosa daqueles que já consolidaram em seus corações a fé que irá transformar os homens no futuro.

Saibamos usar os recursos insubstituíveis de que dispomos, para raciocinar, agir e falar no bem, colaborando para o bem de todos.

Melindre

O melindre nasce da falta de humildade em admitir o próprio erro. Filho do orgulho, quase sempre põe a perder aqueles em quem se manifesta.

A maioria das pessoas aprendeu a perdoar, entretanto, por que encontra tantas dificuldades para pedir perdão?

É que perdoar é nobre e de certa forma engrandece quem o faz. Basta um pouco de compreensão e piedade. Mas, para se pedir perdão, é preciso uma dose muito grande de humildade.

Muitos perdoam até com uma certa dose de orgulho: “Eu perdoo aquele pobre infeliz”.

Mas, em se tratando de reconhecer o próprio erro, não admitem. Melindram-se e se afastam dos meios sérios, que poderiam ajudá-los a vencer tal fraqueza.

Sem a humildade, jamais nos conheceremos; sem nos conhecermos, não haverá progresso para o nosso Espírito.

Reflexões

Uma grande obra necessita urgente de:

Carpinteiros: Para serrar a madeira da incompreensão e arrancar os pregos do orgulho, do ódio e do egoísmo.

Encanadores: Para canalizar a água viva da verdade na direção daqueles que têm sede de conhecimentos.

Eletricistas: Para ligar a corrente positiva da fé, estendendo luz a todos que se acham nas trevas da ignorância.

Pedreiros: Para assentar os tijolos da prece na construção da caridade.

Serventes: Para preparar a massa da boa vontade, derramando sobre a areia do sofrimento, o cimento da fé e a cal da compreensão.

Aprendizes: Vaga sempre aberta para os de boa vontade de qualquer idade.

Mestre: Não há vagas, temos o maior: JESUS!

Local da obra: A Humanidade.

A obra: O Evangelho do Cristo.

OBRAS DE SAARA NOUSIAINEN

Chegou a Hora... E agora?
Saara Nousiainen
16x23 cm | 224 Pág.

Nesta obra, a autora, com seu estilo envolvente e esclarecedor, indica a melhor forma de nos prepararmos para os eventos referentes à transição planetária, além de nos capacitar a colaborar como presenças benéficas nos acontecimentos vindouros.

Nós e o Mundo Espiritual
Saara Nousiainen
12x15 cm | 208 Pág.

Tudo sobre o mundo espiritual e seu interrelacionamento conosco, nos milenares processos evolutivos do ser humano e da vida. Os ensinamentos de Jesus sob nova ótica e muitas outras questões.

Mundo Espiritual
Perguntas & Respostas
Saara Nousiainen
14x21 cm | 256 Pág.

Obra simples, direta e elucidativa, abordando diversos temas relacionados à Doutrina Espírita, utilizando o método de perguntas e respostas.

Um Forró no Umbral
Saara Nousiainen
14x21 cm | 160 Pág.

Com estilo leve e agradável, por vezes divertido, a autora põe na trama desses enredos verdades profundas que nem sempre são percebidas no cotidiano. Com 24 contos em que se combinam lições de vida e emoções.

Buscando a Luz
Edison Carneiro e Manuel S. Soares
16x23 cm | 384 Pág.

Graças à ação das leis divinas, Manuel se motiva a buscar a luz interior, incorporando à sua mente "a razão do Evangelho", preparando-se cuidadosamente para uma encarnação de expiações e provas.herdeiros de nossas próprias ações.

Chagas de Luz
Edison Carneiro e Manuel S. Soares
16x23 cm | 320 Pág.

Aprenda o lado espiritual da infância, adolescência e mocidade, acompanhando Manuel que vive essas idades num leprosário. São duras fases de provas e expiações, planejadas antes do nascimento.

Maria Mãe de Jesus
Edison Carneiro, Yvonne Pereira e
Francisco C. Xavier
14x21 cm | 192 Pág.

Esta antologia procura silenciar a voz da imaginação, reunindo textos que considera fiéis a realidade, resultando numa biografia fidedigna, conquanto com lacunas, da Mãe de Jesus; são acrescentados alguns "flashes" das atividades de Maria na espiritualidade e poemas retratando Nossa Senhora.

OBRAS DE MARCIAL JARDIM

Libertos Pelo Perdão
Marcial Jardim/ Álvaro
16x23 cm | 384 Pág.

Durante a Segunda Guerra Mundial, milhões de seres humanos tiveram suas vidas ceifadas em nome do preconceito e do ódio.

Todavia, Deus lhes concedeu nova oportunidade encarnatória, onde vítimas e algozes se reencontram para, valendo-se das perfumadas veredas do perdão, intentarem se reconciliar.

Antes e Depois...
Marcial Jardim/ Álvaro
14x21 cm | 288 Pág.

Fugimos às leis dos homens, mas não escapamos da aplicação das Leis divinas!

Resgatando Almas
Marcial Jardim/Álvaro
14x21 cm | 288 Pág.

Inquisidores do passado procuram saldar os débitos contraídos, reparando atitudes que fizeram algumas almas se afastarem de Deus.

Uma questão de tempo...
Marcial Jardim/Álvaro
14x21 cm | 256 Pág.

Relato das experiências vividas por um mesmo grupo de pessoas, em três épocas distintas, no Brasil e na Itália.

OBRAS DE EDGARD ARMOND

Os Exilados da Capela
Edgard Armond
14x21 cm | 192 Pág.

A formação e evolução das raças no planeta Terra. Obra extraordinária que cuida das grandes indagações dos homens acerca do início da humanidade.

Na Cortina do Tempo
Edgard Armond
14x21 cm | 128 Pág.

Sobreviventes salvos da Atlântida preservam seus conhecimentos destinados à posteridade.

Almas Afins
Edgard Armond
14x21 cm | 160 Pág.

A trajetória de Espíritos afins desde a submersa Lemúria até os dias atuais.

OBRAS DE ROBERTO DE CARVALHO

Colhendo Bênçãos
Roberto de Carvalho/Basílio
16x23 cm | 352 Pág.

Apresentando sintomas de doença terminal, Juliano é levado por sua noiva, Flora, a um Centro Espírita, onde recebe tratamento espiritual e é desvendada a perseguição de vingadores desencarnados.

Uma História de Perdão
Roberto de Carvalho/Basílio
14x21 cm | 224 Pág.

Elias é falsamente o acusa de haver cometido um crime. Após longa pena num presídio, fica sabendo que o ex-patrão está morto. Endurecido pela revolta, encontra no espiritismo esclarecimento e conforto.

A Cabana das Flores
Roberto de Carvalho/Basílio
14x21 cm | 224 Pág.

Prósperos fazendeiros, os integrantes da família Trajano foram inimigos na encarnação anterior. Sob as orientações de um médium curador, lutam para vencer os conflitos familiares e se perdoarem.

Distribuidora Aliança

Venha nos visitar!

www.editoraalianca.com.br

distribuidora@editoraalianca.com.br

Rua Major Diogo, 511 (Bela Vista - CEP 01324-001) São Paulo SP

CURSO DE ESPIRITISMO

INFORME-SE

0800 110 164

HORÁRIO COMERCIAL

Visite nosso site

www.editoraalianca.com.br

Ouça o programa *É Hora de Aliança*

Rádio Boa Nova - 1450 AM / Sábado - 17h